뾰
꼴

뿔

문인수 시집

민음의 시 42

민음사

自序

시 쓰는 일, 나는 이것으로써 내 광기를 재운다.
이것으로써 나는 또한 하늘 아래 땅 위에 있는 것들을 다 살펴본다.
그러나 하나같이 뭉클 만져지는 것은 결국 내 몸뚱어리다.

비애여, 젖은 유리창 같은……

1992년 3월
문인수

차례

自序

1

비   13
슬픔은 물로 된 불인 것 같다   14
가오리연   16
오징어   17
논갈이   18
마을   19
이무기   20
장 속의 새   21
수탉 생각   22
까마귀   23
소   24
폭발하는 풍경   25
나무 속의 새   26
소금쟁이   27

2

밤바다   31
섬   32
허수아비   33
달, 나의 부메랑   34

봄날　　35

겨울 이야기　　36

사월 스무하룻날의 달　　37

저녁 별　　38

그믐달　　39

불을 모으며　　40

낡은 배　　41

이어도　　42

지게　　43

3

터널　　47

시린 것들은 잠을 덮는다　　48

뽈의 뿌리는 슬프다　　49

하관　　50

여름 눈물　　52

덜컹거리는 잠　　53

거울　　54

목련 아래　　55

꿩　　56

배　　57

가을 기차　　58

절명시　　60

비탈의 흙　　61

검은 풍경　　62

무수한 정적은 와글와글거린다   63
그렇다면 평화란 말이냐   64
기를 내리며   65

4

달팽이   69
정선 가는 길   70
부엉이 소리   71
하늘 세 뼘   72
허공   73
바위   74
정선 노래비   75
골뱅이 국   76
호미   77
정선, 아우라지의 빈 배   78
정선 뜨는 길   79
먼 정선   80
고추잠자리   81
새똥   82
소쩍새 소리   83

작품 해설 / 이하석
슬픔으로 된 뿌리   85

1

비

 흐린 날은, 바람 한 점 없는 날은 비.
 젖은 것들의 몸이 잘 보인다 치잉 칭 감기는, 빗줄기의 한쪽 끝을 물고 새 날아간다. 건물과 건물 사이 세 뼘 잿빛 하늘 가로질러 짧게 사라진다 창유리 창유리들이, 나무 나무의 이파리 이파리 풀잎들이 모두 그쪽을 보고 있다 잘 보이는, 뇌리 속의 새 길게 날아가는 아래, 젖어 하염없이 웅크린
 몸, 섬 같구나 그의 유배지인 몸.

슬픔은 물로 된 불인 것 같다

말 걸지 마라.

나무의 큰 키는
하늘 높이 사무쳐 오르다가 돌아오고
땅속 깊이 뻗혀 내려가다가 돌아온다.
나갈 곳 없는
나무의 중심은 예민하겠다.
도화선 같겠다.
무수한 이파리들도 터질 듯 막
고요하다.

누가 만 리 밖에서 또 젓고 있느냐.

비 섞어, 서서히 바람 불고

나무의 팽팽한
긴 외로움 끝에 와서 덜컥,
덜컥, 걸린다.
슬픔은 물로 된 불인 것 같다.

저 나무 송두리째
저 나무 비바람 속에서 걷잡을 수 없이
타오른다.

나무는 폭발한다.

가오리연

　겨울, 황량한 변두리와 뿔뿔이, 가 닿을 곳 없는 시린 바람과 전깃줄과 펄럭이는, 오늘도 갈피 없는 생각과 빛바랜, 찢어진 종이와 저녁노을과 노을 속의 사내와 사내의 마흔, 마흔의——얼레, 얼레실 풀어 올리는, 언 손엔 논두렁 볕, 그 볕 아래 옹기종기옹기종기옹기종기옹기종기옹기종기냉이, 냉이들같이 울지 않는 언 손, 언 손의 아이들, 아이들 속의 그 아이, 그 아이의——실업, 실업의 겨울, 황량한 변두리와 뿔뿔이, 가 닿을 곳 없는 시린 바람과 전깃줄과 펄럭이는, 오늘도 갈피 없는 생각과 빛바랜, 찢어진 종이와
　하늘 한 귀퉁이로 만든 것이 가오리연이다.
　저문 가슴 언덕 위를 푸득 푸드득거린다.

오징어

1
억누르고 누른 것이 마른 오징어다.
핏기 싹, 가신 것이 마른 오징어다.
냅다, 불 위에 눕는 것이 마른 오징어다.

몸을 비트는,
바닥을 짚고 이는 힘.

총궐기다.
하다못해 욕설이다.

2
무수한 가닥으로 널 찢어발기지만, 잘게
씹어 삼키지만,
너는, 시간의 질긴 근육이었다.

…… 너는, 너의 푸른 바다로 갔다.

논갈이

잠들면 위험하다.
가라앉은 빈 논바닥을 갈면서
굽이굽이 많은 눈물 내려다 보이고
눈보라의 하늘은 또 길고 험했다.

내가 버티는
내가 밀고 갈 수 있는 이 쟁깃날.
깊고 캄캄한
기억 속의 가장 빛나는 절망을 물고
꿈틀꿈틀 빚어져
올라오는

일어서는
팔뚝 푸른 흙들.

떠오르는 땅은 마침내 울창하다.
으적으적 얼음 깨무는 소리 들린다.

마을

아침 석류나무 아래
하루살이 한 떼가 자욱하게 피어 오른다.
한 무더기 안개꽃 같다.
둥그렇게 한데 어울려 춤추고 있다.
하루살이 한 마리 한 마리가 부지런히 부산하게 그어 대는 흰, 가느다란 행로는 눈 깜짝할 사이에도 멀리 미묘하게 이어진다.
저 명주실 같은 길들은
서로 부딪거나 얽히거나 피 흘리는 일 없는 것 같다.
하루살이들은 다만
분말로 농축된 미세한 단위의 시간을 가닥가닥 뽑으며 남김 없이 감으며 오래 살고 있는 듯하다.

저녁 석류나무 아래엔 또
그 무슨 씨앗들이 새까맣게 뿌려져 있다.

이무기

이곳은 이제 머지않아 물에 잠긴다.
내를 따라 천천히 거슬러 올라간다.

와삭, 와삭거리며 풀덤불 우거진다.
풀덤불이 삼키고 있는 저 빈 마을의 자취를
꿩 소리가 대고 물고 나온다.
딱따구리매미쓰르라미물총새뻐꾸기 소리
여치 소리가 또 떼 떼 떼 물고 나온다.

한바탕, 날짐승 뜯어먹힌 자리가 있다.
재두루미의 깃털, 뼈들이
거칠게, 붉게, 둥그렇게 흩어져 있다.

아가리!

적막의 꼬리가 길게 소란하게 뻗쳐 있다.
더 멀리 산굽이 돌아 안 보이는 곳까지……
…… 써늘하다.

장 속의 새

저 새 언제나 처음부터 다시 지저귄다.
맑고 투명한 실이다 저 소리는, 제 앞으로
앞으로 끌어 당기는 중이다 저 소리는, 번번이
툭, 끊기고
물러나 앉는 먼

산

청산을, 다시 한 바퀴 두 바퀴 세 바퀴…… 또
둥그렇게 두르고 있다 저 소리는, 여린, 질긴,
팔 힘이다 저 소리는,

수탉 생각

나는 밤중에 잠을 설친다.
어둠은 일방적으로 두텁게
가로막혀 있다.
다만 심장 뛰는 소리, 붉다

붉은 수탉은 온다 붉은 수탉은, 비탈의 아래쪽을 높이 걸으며 붉은 수탉은, 허물어진 담장 위에도 불쑥 온다 붉은 수탉은, 깃발 뽑아 올리듯 활 활 홰를 치면서 타오르는 불 같다 붉은 수탉은,

모가지 길게 멀리 뽑아 들고
붉은 수탉, 붉은 수탉은……

까마귀

나는 지금
동구 밖 홰나무 꼭대기에 서 있다.
흘끔거리다가 마른 나뭇가지에 주둥이 비비다가
가슴패기 어깻죽지 털다가 꽈악꽈악 소리 지르다가도
잘 보인다
검다.
도무지 열어젖힐 수 없구나 온몸을 오욕칠정을
다 뒤져 보아도 나는,
숯이다.
나는 지금
동구 밖 홰나무 꼭대기에 서 있다.
잘 보인다
더는 타오르지 못하겠다.

허허벌판으로 가야겠다.

번개 우레 쾅 쾅 목 놓아
목을 놓아, 그 끝 간 데 없는 울음이 돼야겠다.
젖어, 자야겠다.

소

마른 호박 넝쿨은 길다 질기다.
되넘어 오는
먼 길
여물여물 씹는다.

이 뿔 이 말뚝
이 눈물

고드름 주렁주렁주렁주렁 달리도록
다문 이 말
여물여물 씹는다.

폭발하는 풍경

붕어 한 마리가 번쩍! 낚인다.

풀섶 위로 툭 떨어진다 푸득 푸드득거린다 백일하, 놈의 알몸, 발버둥질 치는 알몸, 비늘, 지느러미, 꼬리, 수만 톤의 물을 한꺼번에 끌어 덮는다 걷어찬다 벌컥벌컥 들이켠다 저, 놈의 아가미, 눈, 놈의 눈에 산 숲, 하늘, 못 먹는 공기가 마구 폭발하고 있다 느닷없는 여름 날씨여 먹구름 막 몰려온다.

번개 우레 우르르르르르 쿵 쾅
달려간다 누가 또 억울하다억울하다.

붕어 한 마리가 오!
우리 사는 지상을 일거에 캄캄하게
뒤엎고 있다.

나무 속의 새

새는 자꾸
소리가 오른쪽의 중심에 앉는다.

탱자나무 가지에서
가지 사이로 이어지는 새의
신경의 올은 팽팽하다.

바람 소리 거칠게 찢어진다.
하늘도 거칠게 찢어진다.
달빛도 거칠게 찢어진다.

새 때문에 그렇다,
거친 나무 속에서 내다보는……

소금쟁이

놈의 몸이 한낱 검불 같다.
휘적휘적 못가로 헤엄쳐 나온다.
부들 끝으로 기어올라 가서
날개의 물기를 말린다 날아오른다 공상 같다
이상한 공기 이상한 산천 이상한 곤충들
발 닿지 않는다
어색하다 불쾌하다 정처 없다
길고 느린
시간 한 가닥의 포물선이 오래
못물 가운데로 흘러내린다 눈물 같다
가라앉는다
밑바닥이 아니라 그저 거기서 젖는다.

밤바다

돌아눕는다 거듭 돌아눕고
돌아눕지 않았다 한다 캄캄한 건망증.
막막한 수평선의 그대 잔등을 넘어가는
콧김 자욱한 검정 수소여.
동트거든 느릿느릿 들로 가거라.

섬

1

날이 저물면 검은 혀들이 더욱 소란해
절망이다, 비애다,
그런 말은 저 소리에 잘 달라붙는다.
세상은 참 이리, 남의 파도 소리를 덮고 잠자는가 싶다.

2

중천을 들쑤시는 궤양, 해 떠오른다.
두 무릎 사이에다가 잔뜩 얼굴을 처박고
밤새, 파도 소리에 묶인 등덜미 둥글고 단단해
그 무엇이 스며들 수 있나
또한 풀리지 않는 몸,

꼽추여

그대 뒷모습, 저 수평선 한쪽 끝에다가 쟁깃날을 꽂고
이랴, 이랴, 한정 없이 가고 있다.

허수아비

달이 밝았다.
빈 들판이 마냥 넓고 넓었다.
바람이 불었다.

춤의 끝으로 훨훨 남김없이 돌아왔다.

내 발목 하나 뭉클 잡히고
또 고요하다.

달, 나의 부메랑
―그믐에서 초승까지

너 어디 있나.

막막한 곳으로 힘껏 눈 흘겨 보내고
막장 같은……

그 어둠의 심장을 날카롭게 찢으며
또다시 내다보는

실눈.

봄날

검은 비석 앞에 놓인
흰, 한 묶음의 꽃은 아름답다.
잘린 뿌리 쪽의 깊은 절망 위에
그대 앉아 흐느낀다.
넘치는 햇살 아래
그대, 소복의 어깨는 점 점 높이 부풀어오르고
걷잡을 수 없이 부풀어오르는
그대 흰
한 묶음의 삶은 눈부시다.

겨울 이야기

오늘은 봄 날씨 같다.
누가, 밖에 나갔다 들어오면서
그렇게 말했다.
아침엔 뿔뿔이 몹시 추웠다.
잔뜩 웅크렸던 몸이
오늘은 봄 날씨 같다
는 말에 불현듯 기지개가 나면서
치켜올려지는 팔을 따라 온몸이
쭉, 쭈욱 펴졌다 부드럽게
풀려 내리면서
사무실 집기들도 창밖 건물들도 그렇게
가라앉는 게 보였다.
아무도 혁명하지 않았는데
오늘은 봄 날씨 같다
는 말에 죄 뒤집혀 순식간 숱하게
꽃, 핀, 귀 귀 귀
귀마다 또렷또렷 뚫린 귓구멍
속으로 들어갔다가 환하게
열린
사람들이 나와 앉는다.

사월 스무하룻날의 달

생일날, 저녁 한때를 보낸다.
한쪽으로 벌써 기운 달은
흘끔흘끔 밤 구름 사이를 흐르고
지난날의 곡절들은 죄 검거나 우울하다.
푸른 달빛에 젖으며
벽걸이 탈바가지의 표정이 천천히
내 어깨 위로 얹혀 오고 슬며시
미끌어진다 비스듬히 중천을 가는 저
얼굴,
달은 쓸쓸하다.
어찌보면 험상궂다 욕설 같다 우스꽝스럽다
청승맞다 애닯다
얼싸안고 싶다.
내 만감의 얼굴들 다 쑤어서
생각하면 멀건 범벅 한 사발 같은 달아
아무래도 좀 엎질러진 것 같다.
가 버린 날들은 어둠 쪽으로 다 무너지고
좀 모자라는 달 흘러간다.

저녁 별
— 건널목에서

나의 희망이었으므로 당신은
눈부신 모습으로 건너편에 서 있었고

그때 마침
참으로 오랜, 검은 기차가 지나갔습니다.

이미 당신 없는 건너편으로 와서 서성입니다만
오늘도 개울 건너듯
예사로 쉽게 날 저물었습니다.

나는 그러면 저 어느 별인지요.
이 방대한 어둠이 다 당신입니까

그믐달

저 누군가의 뼈.

어두워질수록 그대
아픔
그대만이 잘 보이는

중천의 그믐달.

불을 모으며

어두워지면 새는
숲 속 깊이 끝없이 숨는다.
어둑어둑 조여드는 물이꾼의 검은 발자국 소리 사이로
마른 가지 툭, 툭, 꺾여
쌓이는 잘디잔 뼈, 활 활 타오른다
날아오른다 마침내 남김없이
새는 격렬하다.

낡은 배

수평선.

만 번은 더 그대 넘고 싶었다.
만 번은 또 지쳐서 돌아왔나니.

푸른 발자국

다도해

여러

섬

흰 눈썹 너머로 다 돌아다 보인다
파도 깊이 길게 눕는

수평선.

이어도

그 발목의 족쇄 속을 저어 간다.

―파도 파도 소리

휘파람 소리 날마다 시퍼런 멍으로 번져 간다.
휘파람 소리 날마다 먼 수평선으로 쌓여 간다.

―어디. 이어도 어린다.

지게

그가 또 쉰다.

푸른 담배 연기가 그의 온몸을 감고 허공 멀리 새 한 마리 사라져 간다 여기까지 걸어온 길이 여러 굽이 아득하게 휘어지면서 먼 재 너머에서부터 천천히 흩어지는 흰 비행운 한 가닥이
그의 빈 뱃속으로 길게 빨려든다.

그가 다시 짐을 진다.
관자놀이 퍼렇게 불끈 일으키며 땅바닥에다가 무릎을 꺾어 세운다 뚜둑, 부러지는 비애
혹은 추억 같은 거.

가는 곳까지는
나 있는 길이
아직은 길게 지게 밑으로 보인다.

3

터널

길었다

죄여

아름다운 들, 아름다운 들풀, 아름다운 바람,

시린 것들은 잠을 덮는다

차창에 눈발 비껴 날린다.
눈발은 날리면서 언 땅 위에 감긴다.
언 산 언 숲 언 강 위에
언 풀잎들 위에
시린 어깨들 위로 하염없이 감긴다.
자세히 보면 저것들은 눈발을 뿜어 올린다.
그리고 오래 되감겨 내리는
저, 뼈에 사무치는 시간들의 말없음표
말없음표의 포물선……
나도 누에처럼 몸 웅크리고
내 언 데를 안으며 곤하게 잤다.

뿔의 뿌리는 슬프다

돌들은 단단하고도 뾰죽하게 밟힌다.
유심히 내려다 보이는 돌들의 이마에는
터질 듯한 긴장감이 있다.

적의의 뿔일까

돌들을 하나씩 뒤집어 본다
그 뺨엔 마를 날 없는 날짜들이 깊이 젖어 있다.
슬픔으로 된 뿌리인 것 같다.

하관

가문 봄날이에요.
쑥 잎들 자잘자잘 번져
오르고 있어요 복사꽃 무더기
무더기 터져 오르고 있어요.

내려가시는

아버지

아버지

아버지

일평생 농사지으신
이제는 밥상처럼 내려다 보이는
들녘, 물웅덩이 바닥까지
힘껏 긁던

물 두레

줄, 흰 광목 줄

끝의

아버지

……

뻐꾹뻐꾹 퍼 올리는
치밀어 오르는 봄, 봄……

여름 눈물

엷은 한기가 서려 있었나 봅니다.
아이가 내게 살몃살몃 홑이불을 덮어 주는 기미가 있었습니다 눈뜰 수 없었습니다 나는
제 책상 앞으로 돌아가는 듯한 아이의 저 안도감, 그걸 느끼며 가물가물 마지막 기쁨 맛보았습니다 한없이 편안하였습니다. 아시겠지요 이건
이별입니다 이별입니다 이별은 녹아 다시는 이별 없을 겁니다.
이별 없는 세월 자욱하게 안개 젖다가 그마저 또 이윽고는 걷히겠지요.
그렇게 눈 감으셨는지요 새 풀 덮으시고 아버지!
아버지 돌아가신 지 석 달 남짓 되었습니다.

덜컹거리는 잠

　황토 자갈길을 달구지 간다.
　동구 지나 내를 건너 산협을 따라간다.
　우기진 날 때마다 져다 붓곤 했던 몇 대(代)의 돌뿌리 위를 덜컹거리면 돌뿌리는 점점 더 내려갔다 나도 발목 깊이 묻혔다 배가 고팠다 가뭄이 있었고 먼 산어질 머리가 덜컹덜컹 무너져 왔다 그걸 불끈 버티던 팔뚝의 시퍼런 물꼬 풀어 농사를 지었다 한바리 그득 싣고 돌아올 때면 훨씬 가라앉았다 어느덧 덜컹거리지 않았다 칠 년 전엔 아스팔트가 깔리고 다수확과 저소득의 틈서리로 시꺼멓게 물난리처럼 밀려들고 아들놈은 둥둥 떠나버렸다 이놈 어디서 자갈짐 을지는지 시렁 위에 올라앉은 잠은 밤새도록 하얗게 내려오지 않고 몹시 덜컹거린다 나는 늙어 몸져 누우니 그 돌뿌리 등허리에 대침처럼 꽂혀 온다 선산의 눈물 같은 별로 돋누나
　달구지 소리 골짝 물 흐르듯 한다.

거울

밤새도록 잠을 설쳤다.
황량한 얼굴의 거친 머리카락을 빗는다.
갈대 숲, 갈대 숲, 오, 달 없는……
북풍은 내내 눕지 않는다.

목련 아래

작년 이맘때 친구는 죽었다.
그는 그의 아내의 절망 아래 누워
막막한 표정을 부릅, 올려다보다가

갔다. 가는 봄날에도 봄날 한복판의 목련은 활활 눈에 부시고 미친, 미친년의 목련 아래 멀리, 캄캄한 욕설의 꽃가지 그림자는 누워 꿈틀거리며, 질기고 아픈, 연줄 하나를 물어뜯어 끊고 있다.

석양 깊이 돌아눕는다.

꿩

하관을 했다.
짧은 한평생을 친구는 가난과 소외감 속에서 살았다.
그의 두 눈을 자꾸 덮었다.

아래 골짜기에서 느닷없이
억새 수풀이 요란하게 흔들렸다.

헐벗은 봉분을 가르며
울화통같이 시뻘겋게 솟구쳐 오른
꿩!
꿩!
꿩!
이 지상을 박차고
건너편 산 너머로 길게 사라져 갔다 그 뒤로 편안하게
하늘이 늘어져 있었다.

배

둥근 산자락에 그를 묻었다.
산자락 발치엔 마지막으로 개울이 흘러
개울은 겨우 한 발짝 안에 들어서
물안개 피어 올랐다.
참 할 말이 많이도 남아 있는 듯
한없이 부드럽고 자욱하던 그의 잔정이
자꾸 물너울 이루더니
하늘로 하늘로 가라앉던 배.
그의 봉분이 차츰 보이지 않았다 하산 길에
망정리 만 리 만 리 그를 실어 보냈다.

가을 기차

들국 앉은 모습이 설핏 종지부 같다.
들국 가느다란 모가지 너머 저
빈 들 먼 끝머리
은빛 기차 한 가닥 천천히 가고 있다.
생각하면 엊그제
개나리 목련 피었다 서둘러 지고
라일락 진달래 아카시아 패랭이 분꽃 달리아 명아주꽃 장미
나팔꽃이 또 줄지어 겨우 겨우 따라왔다.
짧고 아름다웠던 보폭이여
어릴 적엔 그렇게 징검다리 건넜다.
아이들 여럿이 뒤뚱뒤뚱 건넜다.
아이들의 어린 동생들도 다 빠지지 않고 건너면
오, 꽃 자욱한 메밀밭
희고 자잘한 기쁨이 가슴에 들에 많았다.
그렇게 봄 가고 여름 간 것일까.
생각하면 엊그제
더 많이 어둡고 소란스러웠던 날들은
발목을 풀고 떠난 물소리 같은 것.
어느 날은 문득 뒤가 비어 있고

죄 없고 눈물 없는 것들만이 뼈처럼 이어져
이 큰 둘레의 가을을 건너가고 있다.
들국 앉은 모습이 설핏 종지부 같다.

절명시

저녁노을은 덜컥 산마루에 걸린다.
오래 끌고 온 제 어둠 뒤돌아 본다.
단 한 번 활활 안아 들이는 저 눈빛,
젖어 커다랗게 내려앉노니
그러고는 아무런 기억 없는
긴 긴 하늘의 꼬리 붉고 아름답다.

비탈의 흙

자고 나면, 눈앞을 가로막는 산이 싫었다.
산비탈에는 늘 흙 붉은 밭뙈기가 있었고
밭으로 가기 위해 아버지는
참나무 장작 정수리께를 불끈불끈 패 대고 있었다.
매운 연기를 비집고 어머니는 연신
벌건 화롯불을 담아 들였다.
마침내 엄동은 쩌억 쩍 다 갈라지고
꽃은 선연히 터져 오르고 가파르고 더웠다.
매달려 잡느니 노상 지심 한 움큼.
비탈의 흙만 붉게 붉게 물들이며 아버지, 어머니,
단 한 번 산 넘지 못하고.

검은 풍경

시간은 갈수록 검게 무너진다.
비바람은 뒤집힐 듯 거칠게 몰아치고
걷지 않은 빨래들이 캄캄하게 젖어 펄럭인다.
낮은 지붕의 소리들이 캄캄하게 젖어 펄럭인다.
지금은 버려진 것들만이 겁 없이 젖고
겁 없이 펄럭인다.
누가 일어나 자갈을 물리랴
그대들 웅크린 잠은 불안하겠다.

번개 아래
저 단말마의 깃발들의 입가엔 피가,
아니다, 쓰디쓴 여물의 쑥물 같은
어둠이 묻어 있다.

무수한 정적은 와글와글거린다

이 돌밭의 한복판을 마구 흔들어 놓고 싶다.
돌을 뽑아 던지면 무섭게 날아간다 번번이
제 앞에 와서 무너지는,
또 저를 안고 하염없이 주저앉아 버리는
섬이다 숨 막히는 돌들은
소리 지르고 싶다 구르고 싶다
망하거나 싸움하거나 춤추고 싶다 몸 비비고 싶다.

무수한 정적은 와글와글거린다.

그렇다면 평화란 말이냐

버스가 심하게 흔들리면서 달린다.
여자의 등에 업힌 젖먹이 아이도 흔들린다.

세상의 끄트머리에 매달려 흔들리는
아이는 희고 순하다.
아이가 쳐다보는 흔들리는 것들.

아이가 쳐다보는 신기한 것들.
아이의 눈은 고요히
산과 들 흐린 하늘에도 머물고 고요히 끌며
사람의 비명을 불평을 끌며
그들의 옷 무늬에 옷의 단추에 단추의 색깔들 위에도 머물다가
고요히 끌며

흰 젖 고요한 냄새 속으로
아이는 박꽃만 하게 잠이 든다.

기를 내리며

간밤의 숙취가 온몸을 자꾸 끌어 내린다.
무거운 눈꺼풀을 추스르면
뜰에, 꽃은 또
한 목청 붉게 피어 있다.
저런 꽃이 활짝
피어나는 순간을 본 적이 없다.
시꺼먼 응어리가 한꺼번에 송두리째 빠져나가는
환하고도 아픈 절정을 본 적이 없다.
내 젊음의 빛나는 정오가 그 어느 와중이었는지
오후 다섯 시
나는 낡고 지친 기를 내린다.
어둡고 아득한 허공 너머
한 점 한 점 제 살점을 던져 등을 다는
꽃이여, 여한 없이 지느냐.
자꾸만 날이 가고 해가 저문다.

4

달팽이

 검은 수렁 한복판을 느릿느릿 간다 저런 절 한 채를 뒤집어쓰고 살 수 있다면…… 동해안 아름다운 길 길게 풀린다.

정선 가는 길

흐린 봄날 정선 간다.
처음 길이어서 길이 어둡다.

넛재 싸리재 쇄재 넘으며
굽이굽이 막힐 듯 막힐 것 같은
길
끝에
길이 나와서 또 길을 당긴다.

내 마음속으로 가는가

뒤돌아 보면 검게 닫히는 산, 첩, 첩,

비가 올라나 눈이 오겠다.

부엉이 소리
── 정선에서

  길 끝나는 곳이지요
  북행 버스를 타고 오래 몸 흔들리며 마음 흔들리며 당도한 곳, 산 첩 첩 험하게 가로막히더군요 주저앉았습니다 멀미 사이로, 몇 몇 과거들이 와서 비추는 희미한 불빛 아래 잔을 권하는, 여자의 가슴께가 아찔 파 내려져 있습니다 깊은 산골짜기 거기, 자꾸 무너져 내리는 저 소리, 노래 다 부르고 웃는 여자의 눈 속에, 바닥 모를 막장이, 부우엉 부우엉 비쳐 보이고…… 올 데까지 왔구나 나는, 천천히, 힘껏, 쓴술을 삼킵니다 식도를 타고 뭉턱, 뭉턱, 끌려 내려가는 어두움, 내려가는군요 내려가는 이 길,
  길이란 참, 그 언제 아주 막힐는지요.

하늘 세 뼘
──정선에서

정선 돌들은 물을 많이 먹는다.

밤새도록 저 산 열어젖힌 물소리.

젖어 잘 드러나는
붉고 푸르고 검고 흰 낯빛들
짧은 해 쳐다본다.

푸석푸석 타들어 가는 석회질의 돌들

더 깊이 마른 혀를 박고 있다.

허공
── 정선에서

눈물 뒤집히니
욕설이로구나 뒤집히니
눈물이로구나 뒤집히니
욕설이로구나

그래, 뒤가 무너져, 뒤가 어두워, 뒤통수에도 화등잔 같은 눈이나 박혔으면…… 자꾸 자꾸만 뒤가 켕기고 뒤돌아보면 덜컥 없는 그대, 드러누우면 나는 참 너무 길다 발끝에서 머리끝까지 없는 그대, 안아, 끌어안아, 안아 올리면…… 저,

넨가

낸가

여윈
달아

바위
──정선에서

세월이
오래
너를 덮고 있다.
네게 스민다.
너를 핥고 있다.

푸른 이끼 돋고 시나브로 짙었다.
애솔 잔뿌리들이 또한 끊임없이 간지럽게 파고드나
거친 산 긴 긴 적막 아래 윽!
윽!
굴러 떨어진 맺힌 덩어리,
바람의 숲 속에 불끈불끈 남았구나 검게 막힌 말,
부르쥔
땅 친 저

주먹,
풀어라 풀려라

바위.

정선 노래비

정선읍에 비 내렸습니다.
에워싼 산세 산세엔 눈 덮였고요.

비포장길
진부령 쪽으로 간신히 빠져 나왔습니다.
대관령 넘어 강릉 지나 삼척을 지나
동해안 먼 길 흘렀습니다.

몸이 흐른들 길이겠는지요.
동해에 쌓인 물, 쌓인 물, 쌓인 물,
끓어오르는 것 보았습니다 끓어오르는

오지 항아리 속

(…… 아우라지 뱃사공아 날 좀 건네주게)

젖어 정선은 길 막혀 섰습니다.

골뱅이 국
— 정선에서

끓어오르는 소리
무쇠 솥뚜껑 밑에 눌려 있다.

이 국 끓여
그대 훌훌 먹였으면 먹는 거 보았으면
하염없이 미어지게 쳐다보았으면

타관 객지 떠돈 그대
추운 몸 녹였으면

골짝 골짝 안개 피어 오른다 산봉우리 칭칭 휘감으며 불끈불끈 일으키며 허이옇게 처발리며 피어오르는 안개 깊이

물소리 와글거리는데

자라 잡듯 하늘은
먹구름 몰고 덮여 있다.

호미
── 정선에서

뻐꾹뻐꾹 비알을 깍아 세운다.
콩잎 그림자 거뭇거뭇 살품 속으로 굴러
쌓인다 자꾸
쌓인다
에그머니!
배암~
길다랗게 꼬리 감추는 먼 길 끝으로
뚜둑 뚝, 일으키는, 무릎, 무릎, 허리,

정선, 아우라지의 빈 배

아우라지 물소리 긴 물소리 중얼중얼중얼중얼중얼 중얼거리네
아우라지 나루터에 빈 배, 나루터 땡볕에 땡볕 자갈밭에 빈 배, 푸석푸석 낡은 빈 배

빈 배

빈 배 지긋이 누르며 산그늘 실린다.
등뼈 으스러지게 으스러지게, 빈 배 안의 풀 검불들 바람하고 몸 섞네 몸을 섞네 실성한,
긴, 질긴, 물소리물소리물소리물소리…….

정선 뜨는 길

  정선아리랑을 듣는다
  아리랑 아리랑 아라리요 길고 느리게 험한 길 험한 길 노래는 이어진다 이어지는
  아리랑 고개 고개로 나를 넘겨 주게 넘지 못한다 넘지 못하는 노래의 꼬리는
  보이지 않는다 마음아
  그 언제면 이 몸 다 넘겠느냐

먼 정선

정선 벗어난 낮은 포구.

파도가 파도를 물고 높이
치솟네 파도가 파도를 물고 깊이 꺼지네.
가혹한 산
골짜기 이루네.
제 팔뚝 물어뜯는 파도의
흰 거품.

내 못 가네
내 왜 돌아가나

저 울음 달려가 구겨지고
또 구겨
불러일으키네 먼 정선.

고추잠자리

장대 끝에 바람 지나간다 가서 앉는다.
내려다보면 바람 몰려 올라온다 날아오른다.
여름 다 가도록 또 가으내
오, 깍아지른 그 섬 꼭대기에
피 묻었더니 불타더니 재 되어 흩어져…….

새똥

허공 멀리
새 한 마리 날아가고 보이지 않습니다
빈 들판에 말라붙은 새의 흰 똥엔
이름 모를 씨앗들이 섞여 눈 뜨고 있음을 봅니다
어디에 있는가
새의 살다 간, 세상 그 어느 갈피의 의미는
무엇이었더라
한 줌 흙엔들 나는
그 무슨 짐작으로 스민다 하리요

소쩍새 소리
―안동 지례에서

  소쩍소쩍 내려가 본다 골짜기 가득 들어찬 어둠 속으로 소쩍소쩍 내려가 본다 이건 국기 게양대 게양대 끝 아이들 소리 노란색 분교 분교 아래 마을 빈 마을 마을 앞 들길 들길 지나 냇바닥, 냇바닥까지 금세 닿는다.

  다리 걷고 천천히 냇바닥 건너던 사람들
  해거름 속으로 깊이 잠기던 뒷모습들,

  마저 다 잠기리(그 물 얼마나 깊을까) 그런 어둠이 왔다.
  냇바닥에 멈춰 서서 올려다보던 들길,
  들길 지나 마을, 빈 마을, 노란색 분교, 아이들 소리, 국기 게양대, 게양대 끝, 저
  별들, 소쩍소쩍 내려간다 발 닿지 않는다 사람이란 참 이토록 깊으냐
  소쩍소쩍 내려간다 내려가 본다 바닥 없다.

■ 작품 해설 ■

슬픔으로 된 뿌리

이하석

　며칠 전 문인수와 함께 문무학 시인의 집엘 갔다. 문무학의 부인이 키우고 있는 산야초들을 보기 위해서였다. 그때 문인수는 국화바람꽃이라는 야릇한 이름의 꽃을 보며 문득 "눈물 같군."이라고 말했다. 자줏빛 꽃이었다. 들국화같이 생겼는데, 가느다란 줄기가 한 뼘가량 물이끼 위로 솟아올라 바람도 없는데 간들대고 있었다. 나는 짐짓 장난삼아 그의 말을 가로막으며 딴말을 했다. "눈물 같다니. 어떻게 꼭 그렇게만 생각하는 거요. 무슨 예쁜 단추 같다고 하는 게 낫지." 그러자 그는 "서양 물이 단단히 들었군."이라고 중얼댔다.
　문인수의 시집 원고를 읽으면서 나는 그날의 그 대화가 먼저 떠오르는 걸 이상해한다. 그가 중얼거린 대로라면

가녀린 꽃 앞에서는 눈물 같다고 말해야만 한국적이라는 것이 된다. 그 며칠 뒤에 정말 그래야 한국적이 되느냐고 그에게 넌지시 물었더니 그는 일언지하에 그렇다고 했다. 가녀린 꽃 앞에서 눈물을 연상하는 것이 한국적 정서라는 주장은 일견 그럴듯해 보이지만, 그러나 자세히 헤아려 생각해 보면 다소 비약적이라는 느낌도 든다. 그래서 나는 그게 한국적이라기보다는 그런 생각 자체가 문인수가 가진 정서의 틀이 아닌가 하고 생각했다. 왜 그런 생각이 들었느냐 하면 그의 시들 대부분에는 눈물이 어린, 젖은 인식이 짙게 배어 있기 때문이다.

   흐린 날은, 바람 한 점 없는 날은 비.
   젖은 것들의 몸이 잘 보인다 치잉 칭 감기는, 빗줄기의 한쪽 끝을 물고 새 날아간다. 건물과 건물 사이 세 뼘 잿빛 하늘 가로질러 짧게 사라진다 창유리 창유리들이, 나무 나무의 이파리 이파리 풀잎들이 모두 그쪽을 보고 있다 잘 보이는, 뇌리 속의 새 길게 날아가는 아래, 젖어 하염없이 웅크린
   몸, 섬 같구나 그의 유배지인 몸.
                                      —「비」 전문

   나는 지금
   동구 밖 홰나무 꼭대기에 서 있다.
   흘끔거리다가 마른 나뭇가지에 주둥이 비비다가

가슴패기 어깻죽지 털다가 꽈악꽈악 소리 지르다가도
잘 보인다
검다.
도무지 열어젖힐 수 없구나 온몸을 오욕칠정을
다 뒤져 보아도 나는,
숯이다.
나는 지금
동구 밖 홰나무 꼭대기에 서 있다.
잘 보인다
더는 타오르지 못하겠다.

허허벌판으로 가야겠다.

번개 우레 쾅 쾅 목 놓아
목을 놓아, 그 끝 간 데 없는 울음이 돼야겠다.
젖어, 자야겠다.
——「까마귀」 전문

  원고 뭉치 앞부분에서 쉽게 뽑아 든 이들 시들만 보아도 눈물의 심상이 대번에 느껴지거나 발견된다. 시「비」에 보이는 "젖어 하염없이 웅크린/ 몸"의 젖음, 시「까마귀」의 "젖어, 자야겠다"는 젖음은 바로 눈물의 변주다. '젖음'이 두 시의 핵심적인 분위기를 이루고 있다. 앞 시에서 젖음은 유배의 심리 구조(섬)를 둘러싼 채 파도치는 바다를 이루고 있으며, 뒤 시에서 젖음은 "끝 간 데 없는 울음"에의 기대에 차 있다. 이들 두 시에는 "잘 보인다"는 말이 똑같이 들어 있는데, 그 '잘 보이는' 이유는 젖어 있기 때문이라고 은연중에 토로하고 있다. 그리고 두 시는 똑같이 비의 심상으로 그 분위기가 고조되거나 지탱된다. 왜 그럴까? 왜 젖어 있어야만 모든 게 잘 보일까? 시 「비」와 「까마귀」를 좀 더 자세하게 살펴보면 그 이유를 알아낼 수 있을까? 시 「비」는 웅크린 채 창가에서 비 오는 바깥을 내다보는 정경으로 이루어져 있다. 창을 통해 내다본다고 느끼는 것은 "창유리들이 (중략) 보고 있다"고 말하고 있기 때문이다. 새가 한 마리 빗줄기의 끝을 물고 날아가는데, 그 새는 실제의 새이기보다는 "뇌리 속의 새"임이 작품 후반부에 가서야 확실해진다. 그 새는 그의 꿈일까? 그 새 아래 자신의 몸이 웅크리고 있음이 드러난다.

　　젖어 하염없이 웅크린
　　몸, 섬 같구나

라는 자기 돌아봄(섬에 대한 인식 같은 것)은 "젖어"라는 말에 의해 이끌어지고 있다. 젖었기 때문에 자신의 몸이 더 잘 보인다는 의미가 이 시구 속에 은연중에 내포되어 있는 듯하다. 그 몸은 스스로의 유배지로 인식되고 있다. 이 경우 유배지라는 말은 날아가는 새와 대비되는 갇힌 삶의 표상이다. 놀라운 것은 그 갇힌 삶이 다름 아닌 젖음에 포위된(또는 젖음에 결박된) 삶으로 인식되고 있는 것인데, 그것을 "치잉 칭 감기는, 빗줄기"라는 뛰어난 표현력으로 보여 준다는 데 있다. 기실 이 시에서 '잘 보이는' 것은 새다. 그것도 "뇌리 속의 새"다. 현실의 앞이 잘 보이지 않는 흐린 상황에도 불구하고, 비현실의 "뇌리 속의 새"가 잘 보인다는 진술을 통해 유배된 '젖은 삶'의 모습과 그 삶이 떠올리는 꿈이 선명하게 부각되고 있다.

시 「까마귀」에는 "잘 보인다"라는 말이 두 번 반복되고 있는데, 그 잘 보임이 앞 시 「비」에서의 잘 보임과는 정반대로 쓰이고 있다. 즉 시 「비」에서는 비현실의 새가 잘 보임에 비해 이 시에서는 명확한 현실이 잘 보이는 것으로 나타난다.

　　잘 보인다
　　검다.

라는 자기 본래 모습의 인식과

　　잘 보인다
　　더는 타오르지 못하겠다.

라는 자기 한계에 대한 인식이 그것이다. 이러한 분명한 자기 인식의 뒤에 울음에의 기대(또는 꿈)가 찾아온다. 곧

이어서

    허허벌판으로 가야겠다.

    번개 우레 쾅 쾅 목 놓아
    목을 놓아, 그 끝 간 데 없는 울음이 돼야겠다.
    젖어, 자야겠다.

라는 엄청난 통곡에의 기대가 뒤따르는 것이다. 자기반성과 자기 성찰 뒤에 터져 나오는 이 엄청난 울음에의 기대 앞에서 독자가 받는 충격은 크다. 해석 여하에 따라서는 그 울음의 세계는 자기의 본래 모습과 한계를 뛰어넘어 도달되는(또는 맞이하게 되는) 큰 세계로 보여질 수도 있을 것이다. 어찌 됐든 이 시에서의 '잘 보임'은 자기 본래 모습과 한계를 명확하게 인식하는 것을 뜻하기도 하지만, "끝 간 데 없는 울음"에 의해 도출되는 자기 성찰로도 볼 수 있다. 그의 시는 젖음에 포위된 자신의 삶의 모습과 함께 그 젖은 인식을 통한 자기 존재의 성찰을 보여 준다고 할 수 있다. 이번 시집 속에서 숱하게 발견되는 울음 또는 그 변주로서의 젖은 인식은 그 징후이자 그 상황이다.

    슬픔은 물로 된 불인 것 같다.

저 나무 송두리째
저 나무 비바람 속에서 걷잡을 수 없이
타오른다.
    ─「슬픔은 물로 된 불인 것 같다」

잠들면 위험하다.
가라앉은 빈 논바닥을 갈면서
굽이굽이 많은 눈물 내려다 보이고
    ─「논갈이」

이 뿔 이 말뚝
이 눈물

고드름 주렁주렁주렁주렁 달리도록
다문 이 말
여물여물 씹는다.
    ─「소」

시간 한 가닥의 포물선이 오래
못물 가운데로 흘러내린다 눈물 같다
가라앉는다
밑바닥이 아니라 그저 거기서 젖는다.
    ─「소금쟁이」

아버지

……

뻐꾹뻐꾹 피 올리는
치밀어 오르는 봄, 봄……
─「하관」

낮은 지붕의 소리들이 캄캄하게 젖어 펄럭인다.
─「검은 풍경」

저 울음 달려가 구겨지고
또 구겨
불러일으키네 먼 정선.
─「먼 정선」

돌들을 하나씩 뒤집어 본다
그 뺨엔 마를 날 없는 날짜들이 깊이 젖어 있다.
슬픔으로 된 뿌리인 것 같다.
─「뿔의 뿌리는 슬프다」

슬픔을 "물로 된 불"이라고 여기는 이유는 존재는 슬픔에 싸여 있다고, 또는 존재의 본질이 바로 슬픔이라고 인식하고 있기 때문이다. "물로 된 불"이라는 말은 "비바람 속에서 걷잡을 수 없이/ 타오"르는 나무의 모습 혹은 상태를 가리킨다. 나무의 형상이 불꽃 같은데, 나무를 키우는 것이 물이기 때문에 나온 말이다. 시「논갈이」에서 보듯 생산의 기저에는 언제나 눈물이 굽이굽이 흐른다. 그리고 그가 쓰는 시조차도 눈물에 다름 아님이 시「소」에서 드러난다. 세상은 슬픔으로 이루어진 못물 같은 것인데, 그 못물에 어리는 잔파문이 그의 눈물이다.(「소금쟁이」) 아버지는 치밀어 오르는 (눈물의) 봄으로 추억되는 존재(「하관」)이며, 집은 젖은 처소(「검은 풍경」)다. 슬픔이 자아내는 울음은 때로 멀리 달려 나가 보지만, 언제나 도중에 구겨진(「먼 정선」)다. 슬픔으로 된 뿌리(「뿔의 뿌리는 슬프다」)도 있다. 이처럼 그의 시들은 슬픔에 포위된 자의 자기 존재 인식을 보여 준다. 그 정도가 심해서 그에게는 기쁨마저 슬픈 기쁨이 되며, 분노마저 슬픈 분노이고, 아름다움 마저 슬픈 아름다움이 되고 있는 듯하다. 그의 시를 두고 슬픔의 미학이라 불릴 만하다는 생각이 들 정도다.

앞서 얘기했듯, 가녀린 꽃 앞에서 눈물을 느끼는 것이 한국적이라는 그의 생각은 이 시집을 다 읽고 나면 수긍이 되는 듯 여겨진다. 한국의 전통 정서 속에는 그런 것이 있어 왔다. 멀리 향가와 고려가요를 떠올릴 것도 없이 근대 이후 우리 선배 시인들의 뛰어난 시들 중에는 눈물 또는 울음과 관계되는 것들이 꽤 있다. 이를 두고 우리 서정시의 핵심적인 정서의 한 가닥이 눈물이라고 말할 수도 있을 것이다. 문인수의 시와 가장 잘 이어진다고 보여지는 박용래 같은 시인은 거울 앞에서 곧잘 자신의 이름을 부르며 눈물을 철철 흘리곤 했다는 일화가 유명하다.

그렇다면 그의 눈물의 미학의 근거는 무엇일까? 이 시집 이전에 나온 두 권의 시집 『늪이 늪에 젖듯이』(1986)와 『세상 모든 길은 집으로 간다』(1990) 역시 눈물의 미학이 주조를 이루는데, 이런 점에서 그의 시는 변함없는 모습을 보여 온 셈이다. 첫 시집 『늪이 늪에 젖듯이』는 "고향과 유년으로의 회귀성을 지닌 모성적 바탕에 근거"(김선학)하고 있는데, 그 회귀성은 두 번째 시집 『세상 모든 길은 집으로 간다』에서 "집으로의 여러 귀로"(송재학)로 나타난다. 고향과 유년으로의 회귀성 또는 그것을 확대한 의미로서의 집으로의 귀로 의식이 바로 문인수의 눈물의 미학적 근원이다. 회귀 또는 귀로의 인식은 현실의 시간과 공간에 막혀 이루어질 수 없는 꿈으로 인식되면서 슬픔이 된다. 눈물은 그 슬픔의 맑은 표출이다. 이번 시집은 그런 회귀성 또는 귀로 의식이 보다 비극적으로 심화된 양상을 보여 준다. 앞에 인용했던 시 「비」에 보이는 "유배지인 몸"을 인식하고, 유배 의식을 되뇌이는 것도 그 징후의 하나다. 그리하여 두 번째 시집에 집중적으로 나타나던 길의 인식이 상당히 흐트러지면서 이번 시집에는 좀 더 개별화되고 단편화된 사물 의식이 현저하게 나타나는 것도 한 특징을 이룬다. 심화된 유배 의식과 개별화되고 단편화된 사물 의식은 「소금쟁이」, 「고추잠자리」,

「나무 속의 새」, 「소」, 「까마귀」, 「수탉 생각」, 「장 속의 새」, 「이무기」, 「오징어」 등 동물과 곤충들을 자기화하여 묘사해 내는 시들에서 특히 두드러지는데, 이들 시는 종래 볼 수 없었던 강렬한 표현력과 자기 성찰의 심오함을 아울러 보여 준다.

 나는 밤중에 잠을 설친다.
 어둠은 일방적으로 두텁게
 가로막혀 있다.
 다만 심장 뛰는 소리, 붉다

붉은 수탉은 온다 붉은 수탉은, 비탈의 아래쪽을 높이 걸으며 붉은 수탉은, 허물어진 담장 위에도 불쑥 온다 붉은 수탉은, 깃발 뿜어 올리듯 활 활 홰를 치면서 타오르는 불 같다 붉은 수탉은,

 모가지 길게 멀리 뽑아 들고
 붉은 수탉, 붉은 수탉은……
──「수탉 생각」 전문

 새는 자꾸
 소리가 오른쪽의 중심에 앉는다.

 탱자나무 가지에서

가지 사이로 이어지는 새의
신경의 올은 팽팽하다.

바람 소리 거칠게 찢어진다.
하늘도 거칠게 찢어진다.
달빛도 거칠게 찢어진다.

새 때문에 그렇다.
거친 나무 속에서 내다보는……
──「나무 속의 새」 전문

「수탉 생각」은 밤중에 문득 느끼는 "심장 뛰는 소리"를 통해 새벽을 꿈꾸는 시이다. 현실은 "일방적으로 두텁게/가로막"힌 어둠 속이며, '나'는 그 속에 갇혀 잠을 설친다. 붉은 수탉의 '붉음'은 "심장 뛰는 소리, 붉다"로, 심장 뛰는 소리를 회화화한 색깔이다. 붉은 수탉은 새벽을 알리는 동물이다. 그것은 가파른 현실인 "비탈의 아래쪽"을 높이 걸으면서 해의 상징인 "뽑어 올리"고 "타오르는" 깃발과 불을 떠올리며 홰를 친다. 이 시는 어둠과 타오르는 불의 매개체로서의 붉은 수탉을 설정함으로써 어둠 속에 갇힌, 유배된 자의 꿈을 강렬하게 떠올리는 효과를 자아내고 있다. 그 효과는 수탉의 묘사에 집중됨으로써 생기 있게 나타나는데, 이런 표현주의적 심상 표출 방식은 그의 이전 시집에서는 찾아보기 힘들었던 강렬함을 획득

하고 있다. 시 「나무 속의 새」에서

> 가지에서
> 가지 사이로 이어지는 새의
> 신경의 올

이라는 긴장감의 묘사 역시 그러하다. 이러한 표현과 묘사 방식은 종래 그가 보여 온 서정시적 정서 풀이와 현격하게 구별될 만큼 다르다. 그의 이번 시집에서는 이런 미세한 묘사를 통한 표현성 획득이라는 새로움과 더불어 종래의 서정적 감정 전개가 혼재하고 있다. 그러면서도 그의 젖음의 인식은 여전하게 일관성이 유지되는 특이함을 보여 준다. 심화된 유배 의식은 그의 회귀의 길이 점점 집에서 멀어지고 있다는 슬픔과 겹쳐져 있으며, 그런 가운데 눈물 또는 젖음의 인식이 적극성을 띠고 생기를 발하면서 보다 역동화되는 기미가 나타나기 시작했다. 시 「까마귀」의 후반부에 보이는 "허허벌판"으로의 지향은 그 좋은 예다. "허허벌판"은 그의 젖은 인식이 노니는 큰 공간이 될지도 모른다. 그것을 예감하게 하는 그의 최근작은 아름답다.

> 저녁노을은 덜컥 산마루에 걸린다.
> 오래 끌고 온 제 어둠 뒤돌아 본다.
> 단 한 번 활활 안아 들이는 저 눈빛,

젖어 커다랗게 내려앉노니
그러고는 아무런 기억 없는
긴 긴 하늘의 꼬리 붉고 아름답다.

─「절명시」 전문

(필자: 시인)

문인수

1945년 경북 성주에서 태어났다.
1985년 《심상》 신인상에 「능수버들」 외 4편이 당선되어 등단했으며,
시집 『해치는 산』, 『동강의 높은 새』, 『쉬!』 등이 있다.
김달진문학상, 노작문학상, 시와시학 작품상 등을 수상했다.

뿔

1판 1쇄 찍음 1992년 3월 25일
1판 1쇄 펴냄 1992년 4월 5일
2판 1쇄 펴냄 2007년 4월 20일
2판 2쇄 펴냄 2021년 6월 17일

지은이 문인수
발행인 박근섭, 박상준
펴낸곳 **(주) 민음사**

출판등록 1966. 5. 19. 제16-490호
서울특별시 강남구 도산대로1길 62(신사동)
강남출판문화센터 5층(우편번호 06027)
대표전화 02-515-2000 / 팩시밀리 02-515-2007
www.minumsa.com

ⓒ 문인수, 1992, 2007. Printed in Seoul, Korea
ISBN 978-89-374-0501-3 03810

* 잘못 만들어진 책은 구입처에서 교환해 드립니다.